Helga Anton

Gottes Glanz in deinem Leben

BRUNNEN
VERLAG BASEL · GIESSEN

Bibliografische Information der Deutschen Bibliothek
Die Deutsche Bibliothek verzeichnet diese Publikation in der Deutschen Nationalbibliografie; detaillierte bibliografische Daten sind im Internet über http://dnb.ddb.de abrufbar.

Umschlag und Konzeption: Brunnen Verlag Basel, Brunhilde Walter
Foto Umschlag: Photos.com
Fotos Innenteil: Photos.com
Satz und Layout: Brunnen Verlag Basel, David Grau
Druck: Finidr
Gedruckt in der Tschechischen Republik

ISBN 978-3-7655-1975-8

Helga Anton

Gottes Glanz in deinem Leben

Brunnen Verlag · Basel und Gießen

Oh Herr, was bist du für ein Gott –
groß und wunderbar, allwissend bist du.
Wir können dich nur staunend anbeten!

Ich bin der Weinstock,
und ihr seid die Reben.
Wer bei mir bleibt,
so wie ich bei ihm bleibe,
der trägt viel Frucht.
Denn ohne mich
könnt ihr nichts ausrichten.

Johannes 15,5

Es ist mir eine Gewissheit: Ohne den Herrn können wir gar nichts tun, sondern wir sind in allen Dingen auf ihn angewiesen. Gott sei Dank. Es fasziniert mich, wie er die Zusammenhänge aufdeckt und Klarheit schafft und uns kleine Menschen als Werkzeuge benutzt.

Trotzdem blieben Paulus und Barnabas längere Zeit dort und predigten furchtlos in aller Öffentlichkeit, denn sie vertrauten auf die Hilfe des Herrn. Er bestätigte die Botschaft von seiner Liebe durch Zeichen und Wunder, die durch Paulus und Barnabas geschahen.

Apostelgeschichte 14,3

Ein Mann kommt in die Werkstatt des Teufels. Da steht in der Mitte ein großer runder Tisch. Darauf liegen dicht an dicht all die Waffen des Feindes: Hass, Neid, Eifersucht, Angst, Stolz, Rebellion, Geiz, Unglaube, Zweifel, Misstrauen, Hochmut, Selbstgerechtigkeit, Minderwertigkeitskomplexe, Zank, Streit, Lieblosigkeit, Ungeduld, Unbarmherzigkeit, Lüge, Selbstverwirklichung.

Ja, der ganze Tisch liegt voll. Einige Waffen scheinen weniger benutzt worden zu sein, andere dagegen sind schon recht abgegriffen. Doch direkt vorne, da liegt eine Waffe, die ist schon sehr abgenutzt – die Entmutigung. Ist es nicht so, dass wir immer wieder mutlos sind, wenn wir vor besondere Aufgaben gestellt werden? Lassen wir das bitte nicht mehr zu! Jesus ist immer der Stärkere, und in seinem Namen hat er denen, die ihm vertrauen, volle Macht gegeben über alle Gewalt des Feindes.

Loslassen und Vergeben ist für die Heilung unserer Beziehungen von ganz entscheidender Bedeutung. Heißt es doch im 1. Johannesbrief 1,9:

«Wenn wir aber unsere Sünden bekennen, so ist er treu und gerecht, dass er uns die Sünden vergibt und reinigt uns von aller Ungerechtigkeit.»

Seien Sie gewiss, Jesus hat Ihre Schuld weggenommen, er hat Ihnen vergeben, und keine Macht im Himmel oder auf Erden wird Ihnen davon noch etwas vorhalten können, denn Jesus hat die Strafe schon bezahlt.

Jesus antwortete: «Warum habt ihr Angst? Habt ihr denn kein Vertrauen zu mir?» Dann stand er auf und bedrohte den Wind und die Wellen. Sofort legte sich der Sturm, und es wurde ganz still.

Alle fragten sich voller Staunen: «Was ist das für ein Mensch? Selbst Wind und Wellen gehorchen ihm!»

Matthäus 8,26 und 27

Auf Gottes Liebe vertrauen

Es wird mir immer wichtiger, treu und fest am Wort zu bleiben, von daher zu leben, das Wort Gottes im Herzen zu tragen, damit es mir nicht geht wie jenen Pharisäern und Schriftgelehrten in Markus 12,24, denen Jesus sagen musste:

«Ihr irrt, weil ihr weder
die Schrift kennt
noch die Kraft Gottes.»

Ich habe große Sehnsucht danach, immer mehr aus seinem Wort zu lernen, immer fester in ihn hineinzuwachsen.

Oder habt ihr etwa vergessen, dass euer Körper ein Tempel des Heiligen Geistes ist, der in euch wohnt und den euch Gott gegeben hat? Ihr gehört also nicht mehr euch selbst. Gott hat euch freigekauft, damit ihr ihm gehört; nun dient auch mit eurem Körper dem Ansehen Gottes in der Welt.

1. Korinther 6,19 und 20

Gott verändert uns

Gott lässt uns nicht so, wie wir sind. Sondern er lehrt und formt uns durch sein Wort und hilft uns dadurch, mit unseren Alltagsproblemen fertig zu werden und den ehrlichen Weg zu gehen.

DEBORAH

Sieg im Namen Jesu

Ich wundere mich immer wieder, wie oft wir Menschen gerade im alltäglichen Leben leichtfertig mit Gottes Wahrheit umgehen. Hüten wir uns doch davor, sie so zu benutzen, wie es uns gerade gefällt. Nehmen wir sein Wort doch ernst, denn Jesus steht zu seiner Wahrheit. Seine Verheißungen sind feste Zusagen, auf die wir uns verlassen können. Allein in seinem Namen liegt der Sieg über alle Gewalt des Feindes.

Euer Vater im Himmel wird euch vergeben,
wenn ihr den Menschen vergebt,
die euch Unrecht getan haben.
Wenn ihr ihnen aber nicht vergeben wollt,
dann wird Gott auch eure Schuld nicht vergeben.

Matthäus 6,14 und 15

Jesu Liebe macht frei

Ja, die Liebe Jesu weitergeben, das ist unser Auftrag. Und diese Liebe trägt alles, was uns bedrängt. Durch seine Liebe werden wir frei von Sünde und Schuld – aber aus dieser Liebe heraus können wir auch dem vergeben, der uns wehgetan hat. Ja, Jesu Liebe macht unendlich frei.

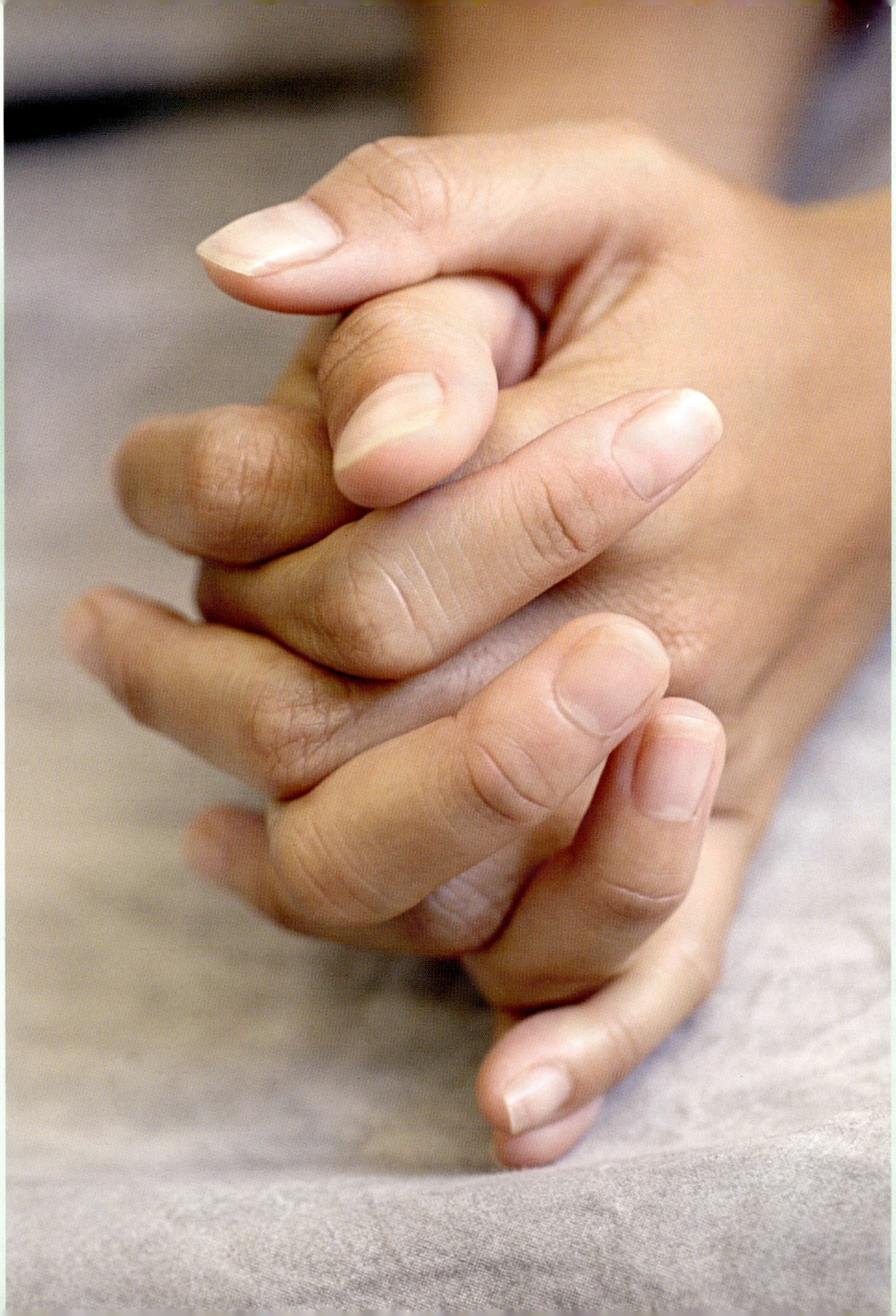

Was haben wir für einen wunderbaren Gott. Ich kann ihn immer wieder nur in tiefer Dankbarkeit staunend anbeten und loben. Diese Gewissheit, dass er immer bei uns ist und alle Dinge weiß, ist so unendlich tröstlich für uns. Er hilft bei schwerwiegenden Entscheidungen und Krankheiten, aber auch bei leichteren Erkrankungen greift er ein. Er ist eben immer gegenwärtig.

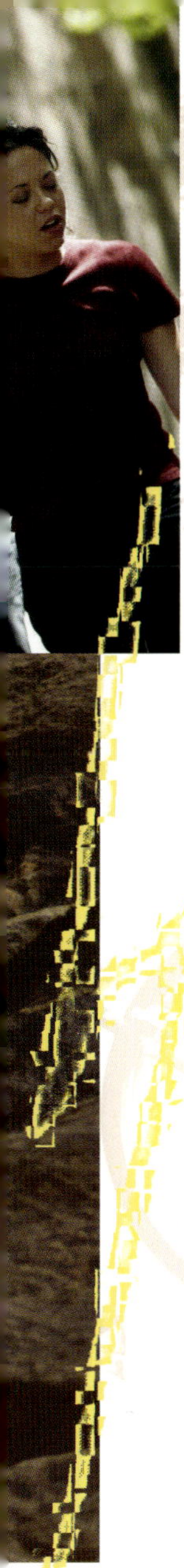

Herr in besonders schwierigen Situationen

In schwierigen Situationen ist mir das Wort in Sprüche 3,5 besonders wichtig geworden: «Verlass dich auf den Herrn von ganzem Herzen, und verlass dich nicht auf deinen Verstand.» Außenstehende sagen mir so oft: «Ich kann Gott nicht begreifen. Er kann doch nicht alles wissen und überall sein. Die ganzen Jahrtausende hindurch immer überall gegenwärtig sein und all die vielen Menschen auf der ganzen Erde kennen, nein, das ist unmöglich.»

Das können sie nicht verstehen. Sie haben insofern Recht, weil sie mit dem Verstand begreifen wollen und erst danach bereit sind, sich für den Glauben zu öffnen. Nein, so geht es nicht! Die Größe unseres Gottes, seine Allmacht und Allgegenwart – mit dem Verstand ist das nicht zu begreifen. Auf solchem Weg ist es fast unmöglich, Gott zu finden. Umgekehrt sollte es sein. Zuerst muss ich glauben, dass Gott ist, und zwar nur er, der allein ewige, heilige, dreieinige Gott. Nur durch ihn können wir erkennen, dass Jesus lebt. Dann wird er uns seine Herrlichkeit offenbaren, und zwar Schritt für Schritt. Seien wir doch klug, dass wir uns in allen Dingen – auch mit unserem Verstand – Jesus unterordnen. So wird es uns auch in 2. Korinther 10,5 geraten: «... und nehmen gefangen alles Denken in den Gehorsam gegen Christus». Ja, ihm allein vertraue ich.

Menschen, die so standhaft waren, sind wirklich glücklich zu nennen. Denkt doch nur an Hiob! Ihr habt alle schon gehört, wie geduldig er sein Leiden ertragen hat. Und ihr wisst, dass der Herr in seiner Barmherzigkeit und Liebe alles zu einem guten Ende führte.

Jakobus 5,11

Wie groß ist doch unser Gott, und wie wunderbar ist doch die Gewissheit: Er ist immer da. Was auch immer uns belasten mag, was uns zur Verzweiflung treibt, er erhört unsere Gebete und greift ein, weil er uns lieb hat und nur unser Bestes will. Denn er allein weiß den einzig richtigen Weg für uns. Nur er hat den absoluten Weitblick und unsere Zukunft längst vor sich.

Heute gebe ich euch ein neues Gebot: Liebt einander!
So wie ich euch geliebt habe,
so sollt ihr euch auch untereinander lieben.

Johannes 13,34

Jeder Einzelne versucht in der heutigen Zeit, sich selbst und seine Meinung durchzusetzen. So entsteht oft aus einer Empfindlichkeit oder aus ganz geringem Anlass ein Streit in der Familie – oder noch schlimmer: Schweigen. Und das ist sehr, sehr gefährlich. Wie können wir dankbar sein, dass Jesus uns so annimmt, wie wir sind! Wie schwer fällt es uns meistens, den anderen, den Nächsten, den Partner, so anzunehmen, wie er ist.

Jeder, der ihm vertraut, wird das ewige Leben haben.
Denn Gott hat die Menschen so sehr geliebt, dass er seinen einzigen Sohn für sie hergab. Jeder, der an ihn glaubt, wird nicht zugrunde gehen, sondern das ewige Leben haben. Gott hat nämlich seinen Sohn nicht zu den Menschen gesandt, um über sie Gericht zu halten, sondern um sie zu retten.
Johannes 3,15-17

Eine Frau wurde gefragt: «Sag mal, wieso bist du so verändert? So ruhig und gelassen? Du hast eine unwahrscheinliche Ausstrahlung. So kenne ich dich gar nicht.» Da berichtete sie nur zu gern über ihre radikale Umkehr zu Jesus. In vielen seelsorgerlichen Gesprächen und Gebeten hatte sie ihr altes Leben mit aller Sünde und Schuld am Kreuz abgelegt und Jesus als ihren Herrn angenommen. Ja, sie war endlich den ganzen Ballast ihrer Vergangenheit losgeworden. «Er hat mich frei gemacht und mir das neue Leben geschenkt, das in Ewigkeit nicht endet. Oh, ich bin so dankbar und glücklich.»

Gottes Liebe ist so groß

Gottes Liebe ist so groß, dass er nicht will, dass auch nur *ein* Mensch verloren geht. Deshalb ist er selbst in Jesus Christus – in seinem Sohn – zu uns auf die Erde gekommen. Er hat die Menschen wachgerüttelt, er hat gepredigt und zur Umkehr aufgerufen.

Er will uns heute wissen lassen: «Bringt mir doch eure Sünde und Schuld, ich mach euch frei davon. Ich habe für euch die Strafe bezahlt, die ihr verdient hättet, wenn ihr mir nur glaubt und vertraut.»

Ja, er hat sein Leben für uns dahingegeben, und der Tod hat ihn nicht aufhalten können. Jesus ist auferstanden und lebt und hat in Johannes 3,36 gesagt: «Wer an den Sohn glaubt, der hat das ewige Leben. Wer aber dem Sohn nicht gehorsam ist, der wird das Leben nicht sehen, sondern der Zorn Gottes bleibt über ihm.» So ist also Jesus der einzige Weg zum Vater, der Weg zum ewigen Leben.

Jesus ist der absolut souveräne Herr über alles, was ist, in der sichtbaren und in der unsichtbaren Welt. Das zu erleben ist etwas unvorstellbar Großes und Gewaltiges. Ich bin unendlich dankbar, dass auch heute noch Sieg ist in diesem kostbaren Namen.

Oh Jesus, wir beten dich an und den Vater durch dich im Heiligen Geist. Wir danken dir, dass du unsere Zuflucht bist und dass vor dir nichts verborgen ist.
Du siehst die Not, und du allein kennst den Weg.
Du allein bist unser Retter, unsere Zuflucht, das Ziel und der Sinn unseres Lebens.
Bitte erbarme dich über uns.

Manchmal würde ich am liebsten schon jetzt sterben, um bei Christus zu sein. Gibt es etwas Besseres?
Philipper 1,23

Keine Angst vorm Sterben

Haben Sie sich eigentlich mal die Frage gestellt, mit welcher biblischen Gestalt Sie sich identifizieren und in welche Sie vielleicht sogar einmal für kurze Zeit gerne hineinschlüpfen würden?

Mir ist schon seit langer Zeit Maria, die zu Jesu Füßen saß, eine besonders vertraute Person. Ja, dort wäre auch mein liebster Platz. Zu Jesu Füßen sitzen, so ganz in seiner Nähe sein, ihm zuhören, seine Worte in mein Herz aufnehmen, ihn vielleicht sogar einmal berühren dürfen ...

Ich habe allein vor diesem Gedanken eine ganz tiefe Scheu. ER ist mir so heilig. Ja, dort zu sein ist das Ziel meiner ganzen Sehnsucht. Ich werde manchmal gefragt: «Hast du Angst vor dem Sterben?» Nein, die habe ich nicht. Ich weiß mit ganz großer Gewissheit und sage es auch den Leuten: Wenn Jesus heute Abend zu mir sagen würde: «So, mein Deern, es ist genug. Komm. Jetzt darfst du zu mir kommen» – da könnte ich doch nur sagen: «Danke, Herr.» Das wäre das Schönste für mich.

Jesus kennt jede Lebenssituation, und er ist bei uns. Er hat es uns zugesagt, und sein Wort ist die Wahrheit. Vertrauen Sie allein auf ihn.

«Denn ich bin gewiss, dass weder Tod noch Leben, weder Engel noch Mächte noch Gewalten, weder Gegenwärtiges noch Zukünftiges, weder Hohes noch Tiefes noch eine andere Kreatur uns scheiden kann von der Liebe Gottes, die in Christus Jesus ist, unserm Herrn.»
Römer 8,38 und 39

Brich auf zu neuem Leben

Es ist *ein* Gott, groß und allmächtig, allwissend und allgegenwärtig, und doch ist er ein Dreieiniger Gott, das heißt drei in einem. Es gibt ihn also in dreierlei Gestalt. Einmal ist er der Schöpfer aller Dinge und der Vater Jesu Christi. Dann ist er Jesus, sein Sohn, unser Erlöser, und es gibt den Heiligen Geist. Ich weiß, es ist schwer zu begreifen.
Und dieser große Gott ist die absolute Liebe und will, dass alle Menschen errettet werden.

Ihr seid Gottes Kinder geworden, weil Gott, unser Vater, euch von Anfang an dazu auserwählt hat. Durch die Kraft des Heiligen Geistes könnt ihr jetzt Jesus Christus als euren Herrn anerkennen, weil er am Kreuz sein Blut für euch vergossen und euch von eurer Schuld befreit hat. Gott schenke euch immer mehr seine Gnade und seinen Frieden.
Gelobt sei Gott, der Vater unseres Herrn Jesus Christus! In seinem grenzenlosen Erbarmen hat er uns neues Leben geschenkt. Weil Jesus Christus von den Toten auferstanden ist, haben wir die Hoffnung auf ein neues, ewiges Leben.
1. Petrus 1,2 und 3

«Not lehrt beten», heißt es im Volksmund. Es ist also eine existenzielle Erfahrung von Millionen von Menschen, dass Notlagen nicht einfach hingenommen werden müssen, sondern dass es einen Ausweg gibt, eine Stelle, an die man sich wenden kann. Die höchste Instanz, die man anrufen kann, ist Gott. Beten ist ja nicht einfach eine kirchliche Pflicht, sondern ein innerer Aufschrei. Auch wenn man nicht gläubig ist, ergreift man doch gar zu gerne jeden sich bietenden Strohhalm, und dann erinnert man sich plötzlich auch an Gott und ruft ihn um Hilfe an.

Gottes Geist führt in alle Wahrheit

Wenn wir in unserer Gebetsgruppe beten, stellen wir uns alle und unsere Angehörigen unter den Schutz Jesu und gebieten in seinem Namen allen feindlichen Mächten zu weichen. Dann bitten wir Jesus um die Führung seines Heiligen Geistes. «Herr, du allein schaust doch ins Verborgene. Du allein weißt doch die Hintergründe. Bitte, hilf. Decke alles auf und zeige es uns.»

Ja, aber ...

Sowie Sie spüren, dass ein Zweifel, eine Frage oder Angst kommt, rufen Sie den Namen Jesus an, immer wieder Jesus, Jesus. Dann ist der Feind geschlagen. Ja, wir müssen die Waffen, die Jesus uns gegeben hat, wirklich anwenden. Unser Herr ist König aller Könige, Herr aller Herren. Allein in seinem Namen ist Sieg!

Gott hat uns mit unserem feien Willen etwas sehr Gefährliches in die Hand gegeben. Sein Angebot der Liebe gilt jedem von uns. Die Entscheidung allerdings, ob wir es annehmen oder nicht, die überlässt er uns. *Gott zwingt niemanden.* Deshalb ist es so wichtig für uns, dass wir sein Wort genau kennen und in dieser Wahrheit leben, solange noch Gnadenzeit ist. Es kann ein Zuspät geben.

Jesus sagt Ja zu Ihnen. Er nimmt Sie so an, wie Sie sind. Sagen Sie bitte auch Ja zu sich, und überlassen Sie es allein unserem Herrn, ob und wie er Sie verändern wird. Vor ihm sind Sie unendlich wertvoll und so kostbar, dass er sogar sein Leben für Sie gelassen hat. Nehmen Sie dieses Gnadengeschenk mit dankbarem Herzen an, und freuen Sie sich darüber. Sie sind ein geliebtes Kind Gottes, und niemand und nichts kann Sie mehr aus Jesu Hand reißen. Das hat unser Herr uns zugesagt.

Unser Gott ist nicht irgend ein Gott, sondern er ist der Vater unseres Herrn Jesus Christus. Er ist in seinem Sohn selbst in diese Welt gekommen, weil er gesehen hat, wie wir Menschen uns von ihm entfernt haben. Trennung von Gott aber heißt, verloren sein für Zeit und Ewigkeit. Darum brauchen wir Jesus. Er will, dass alle Menschen errettet werden. Deshalb hat er sich selbst für uns geopfert und sein Leben dahingegeben. Aber Jesus ist auferstanden und lebt. Und wer an ihn glaubt, soll auch in Zukunft mit ihm zusammen leben.

Jesus sagt:
Ich bin die Auferstehung,
und ich bin das Leben.
Wer mir vertraut,
der wird leben,
selbst wenn er stirbt.
Johannes 11,25

Ich freue mich, wenn Jesus uns irgendwann einen Einblick gewährt in seinen Plan und wir erkennen dürfen, wie viele Punkte zusammenwirken müssen, damit dieser Plan endlich erfüllt wird. Er ist wirklich der Gott der unbegrenzten Möglichkeiten und hat alles bis aufs Kleinste vorbereitet, damit endlich sein Ziel erreicht wird.

Wie ist es doch gut, dass Jesus uns nicht loslässt und uns so annimmt, wie wir sind. Aber er lässt uns nicht so, wie wir sind, sondern verändert uns so, wie er uns haben möchte.

Wie oft bitte ich unseren Herrn: «Herr Jesus, halte nie auf, an mir herumzuschmirgeln. Ich weiß, es tut manchmal weh, aber es kann mir nur zum Besten dienen.»

Wie sind wir nur reich, dass wir einen so wunderbaren Arzt wie unseren Herrn haben. Er heilt uns wirklich an Körper, Geist und Seele. Nicht immer so, wie wir es uns wünschen, aber immer so, wie es uns zum Besten dient. Wenn wir das erkennen, so stärkt diese Einsicht unser Vertrauen immer mehr.

Der Glanz der Herrlichkeit

Jesus ist immer der Stärkere, und seine Kraft ist in den Schwachen mächtig. Das ist die absolute Wahrheit, die ich täglich erfahre und für die ich ihm mit meiner Liebe und meinem ganzen Leben danke. Was ist das doch für eine unbegreifliche Gnade: Trotz aller Schwierigkeiten und Beschwerden, die das Leben nun einmal mit sich bringt, schon jetzt mit dem Glanz der Herrlichkeit, die unser großer Gott für uns bereithält, beschenkt zu werden.

Ich kann immer nur staunen, wie er auch heute Wunder über Wunder tut. Und wir kleinen Menschen dürfen sie erleben. Was ist das für eine Gnade. Seit ich in diesem Gebetsdienst stehe, ist mein Leben in einer Weise reich geworden, dass ich trotz meiner Erblindung mit nichts und niemandem auf der Welt tauschen möchte. Und dieses «Danke, Herr!» ist für mich morgens das Erste und abends das Letzte.

Ihm allein sei Lob und Ehre,
Anbetung und Dank,
und dem Vater durch ihn.
Er, der Vater, hat Jesus erhöht.

Das Wort Gottes, die Bibel, steht unumstößlich fest bis in alle Ewigkeit. Ja, in Jesu Namen haben wir Vergebung all unserer Schuld und Sünde. In seinem Namen haben wir Vollmacht. Nehmen Sie diese wunderbare Waffe, die Vollmacht im Namen Jesu, immer wieder für sich in Anspruch. Jesus ist der Herr aller Herren und der König aller Könige. Ihm allein sei Lob und Ehre, Anbetung und Dank, und dem Vater durch ihn. Er, der Vater, hat Jesus erhöht.

«Darum hat ihn auch Gott erhöht und hat ihm den Namen gegeben, der über alle Namen ist, dass in dem Namen Jesu sich beugen sollen aller derer Knie, die im Himmel und auf Erden und unter der Erde sind, und alle Zungen bekennen sollen, dass Jesus Christus der Herr ist, zur Ehre Gottes, des Vaters.»
Philipper 2,9-11

So sind wir allein durch seine unverdiente Güte von aller Schuld befreit und warten voller Hoffnung auf das ewige Leben, das wir als seine Kinder erben werden.
Titus 3,7

Der Glanz Gottes in unserem Leben

Helga Anton spricht von dem «unvorstellbaren Glanz», den Gott in ihr Leben gebracht hat. Und wir nehmen es ihr ab.

Dieser Glanz ist genau das, was uns heute weithin fehlt. Wir brauchen ihn in unserem Leben, wenn es gelingen soll. C.S. Lewis schreibt in einem seiner Bücher, wie er sich die Welt Gottes vorstellt: «Wie ein ewiger Morgen, der nie aufhört, kurz vor Sonnenaufgang, voller Glanz, der uns ahnen lässt, wie herrlich der kommende Tag sein wird.» Damit hat er wunderbar beschrieben, was im Leben wirklich zählt. Wenn Gott nicht darin vorkommt, wenn sein Glanz nicht hin und wieder aufleuchtet, verläuft unser Leben öde und arm. Darum heißt es im Lied von Adolf Maurer:

«Herr, Du weißt, wie arm wir wandern
durch die Gassen dieser Welt,
wenn der Glanz von einer andern
nicht auf unsre Schritte fällt.
Leuchte Du mit Deinem Schein
in die dunkle Welt hinein.»

Das ist die Antwort auf alle Unsicherheit und Angst unserer Tage: Dass wir Gott in seiner Majestät, in seiner Heiligkeit und in seiner Liebe zu uns Menschen neu erfahren. In Jesus Christus, seinem Sohn, finden wir alles, was wir brauchen. Wer sich auf Jesus einlässt, bei dem kehrt neues Leben und Mut für morgen ein.

Ich gehöre noch zu der Generation, die den Krieg von 1939–1945 erlebt hat. Wir waren ein besiegtes Volk und lebten in großer Not. Da besannen die Menschen sich: Die Kirchen waren voll. Gott wurde um seine Gnade und sein Erbarmen angerufen. Doch nachdem es aufwärts ging mit unserem Volk, geriet alles schnell wieder in Vergessenheit. Und anstatt Gott zu danken, zog die Welt mit ihren Verlockungen die meisten wieder in ihren Bann. Wie traurig muss unser treuer Gott darüber sein. Zumal die Bibel sagt, dass Gott über unsere Untreue weint (man vergleiche dazu Jeremia 14,17).

Er liebt uns ja: Er hat sein Leben für uns gegeben in Jesus Christus. Nun wartet er darauf, dass wir ihn anrufen, weil er uns lieb hat und will, dass keiner verloren geht, sondern alle errettet werden und zur Erkenntnis der Wahrheit kommen (vgl. 1. Timotheus 2,4).

Weitere Titel von Helga Anton

Beten wirkt Wunder
Taschenbuch
138 Seiten
ISBN 978-3-7655-3623-6

Lass das Sorgen: Bete!
Taschenbuch
160 Seiten
ISBN 978-3-7655-3725-7

Nicht verzweifeln – beten!
Taschenbuch
160 Seiten
ISBN 978-3-7655-3752-

Not lehrt beten!
Taschenbuch
176 Seiten
ISBN 978-3-7655-3938-1

BILDBAND

Lass dich von Gott überrasch
Farbiger Bildban
64 Seiten
ISBN
978-3-7655-1924

Unter Gottes Augen leben
Taschenbuch
152 Seiten
ISBN 978-3-7655-3658-8

Beten ist Freude
Taschenbuch
160 Seiten
ISBN 978-3-7655-3686-1

Die Macht des Namens Jesu
Taschenbuch
148 Seiten
ISBN 978-3-7655-3841-4

Brich auf zu neuem Leben!
Taschenbuch
160 Seiten
ISBN 978-3-7655-3877-3

ÖRBUCH

Beten wirkt Wunder
Hörbuch
2 CDs, ca. 150 Minuten
ISBN 978-3-7655-8756-6